AF156726

BEI GRIN MACHT SICH IHR WISSEN BEZAHLT

- Wir veröffentlichen Ihre Hausarbeit, Bachelor- und Masterarbeit

- Ihr eigenes eBook und Buch - weltweit in allen wichtigen Shops

- Verdienen Sie an jedem Verkauf

Jetzt bei www.GRIN.com hochladen und kostenlos publizieren

Bibliografische Information der Deutschen Nationalbibliothek:

Die Deutsche Bibliothek verzeichnet diese Publikation in der Deutschen National-bibliografie; detaillierte bibliografische Daten sind im Internet über http://dnb.d-nb.de/ abrufbar.

Impressum:

Copyright © 2015 GRIN Verlag, Open Publishing GmbH
Druck und Bindung: Books on Demand GmbH, Norderstedt Germany
ISBN: 9783668211025

Dieses Buch bei GRIN:

http://www.grin.com/de/e-book/321725/unicode-geschichte-und-aktuelle-heraus-forderungen-der-digitalen-zeichenkodierung

Oliver Kurmis

Unicode. Geschichte und aktuelle Herausforderungen der digitalen Zeichenkodierung

GRIN Verlag

GRIN - Your knowledge has value

Der GRIN Verlag publiziert seit 1998 wissenschaftliche Arbeiten von Studenten, Hochschullehrern und anderen Akademikern als eBook und gedrucktes Buch. Die Verlagswebsite www.grin.com ist die ideale Plattform zur Veröffentlichung von Hausarbeiten, Abschlussarbeiten, wissenschaftlichen Aufsätzen, Dissertationen und Fachbüchern.

Besuchen Sie uns im Internet:

http://www.grin.com/

http://www.facebook.com/grincom

http://www.twitter.com/grin_com

FOM Hochschule für Oekonomie & Management Essen
Standort München
Berufsbegleitender Studiengang zum B.Sc. Wirtschaftsinformatik

Seminararbeit

Unicode - Geschichte und aktuelle Herausforderungen

Eingereicht von:

Oliver Kurmis

31. Januar 2015

Erarbeitet im:

4. Semester

Inhaltsverzeichnis

Abkürzungsverzeichnis

ASA   American Standards Association, Vorläuferorganisation von ANSI

ANSI   American National Standards Institute

Big5   Zeichenkodierung für traditionelle chinesische Schriftzeichen, entwickelt von den 5 größten Computerfirmen Taiwans

BOM   Byte Order Mark

BMP   Basic Multilingual Plane, Mehrsprachige Basis-Ebene, Ebene 0 der Unicode-Zeichen

CJK   Chinesisch, Japanisch, und Koreanisch: Sprachen mit Zeichen chinesischen Ursprungs

CJKV   Chinesisch, Japanisch, Koreanisch, und (historische) Vietnamesische Schrift

DBCS   Double Byte Character Set - Klasse von Zeichensätzen mit Ein- und Zweibyte-Zeichen

ECMA   European Computer Manufacturers Association, Verband europäischer Computerhersteller

GB2312   Guojia Biaozhun, nationaler Standard in China, Zeichensatz für vereinfachte chinesische Schriftzeichen

GB18030   Guojia Biaozhun, nationaler Standard in China, Nachfolger von GB2312

IDN   Internationalisierter Domainname, Domainname mit Nicht-ASCII-Zeichen

IEC   International Electrotechnical Commission, Internationale Elektrotechnische Kommission, Normungsorganisation für Elektrotechnik und Elektronik

ISO   International Organization for Standardization, Internationale Organisation für Normung

PUA   Private Use Area, privat nutzbarer Bereich

PUP   Private Use Planes, Ebenen für private Nutzung, Ebenen 15 und 16 von Unicode

IV

SIP	Supplementary Ideographic Plane, Ergänzende ideographische Ebene, Ebene 2 und 3 der Unicode-Zeichen
SMP	Supplementary Multilingual Plane, Ergänzende mehrsprachige Ebene, Ebene 1 der Unicode-Zeichen
SSP	Supplementary Special-purpose Plane, Ergänzende Ebene für spezielle Verwendungen, Ebene 14 der Unicode-Zeichen
UCS	Universal Character Set, in ISO/IEC 10646 spezifizierte Norm
UCS-2	Universal Character Set, Kodierung in 2 Byte
UCS-4	Universal Character Set, Kodierung in 4 Byte
UTF-16	Unicode Transformation Format 16 bit
UTS	Unicode Technical Standard, vom Unicode Consortium veröffentlichte Spezifikation
Xerox PARC	Xerox Palo Alto Research Center, Forschungszentrum der Firma Xerox im kalifornischen Palo Alto

Abbildungsverzeichnis

1 Einleitung

Mit der zunehmenden Globalisierung und der umfassenden Ausbreitung des Internets bekommt der internationale Austausch von Informationen immer größere Bedeutung. Von Anfang an waren die limiterten Computer-Zeichensätze dabei problematisch. Seit einigen Jahren wird mit Unicode versucht, die Probleme umfassend zu lösen.

Die vorliegende Arbeit gibt einen Überblick über die Geschichte von Unicode und zeigt einige aktuelle Probleme im Zusammenhang mit Unicode auf. Dafür wurde vor allem auf den Internet-Seiten der verschiedenen Standardisierungsorganisationen wie Unicode Consortium, ITU, IETF, W3C recherchiert.

Im Abschnitt zwei der Arbeit wird ein historischer Überblick gegeben werden, der die Entwicklung hin zu Unicode aufzeigt, er endet mit einer Bestandsaufnahme der Verwendung und Verbreitung von Unicode im Jahr 2015. Der dritten Abschnitt soll einige der aktuellen Probleme und Herausforderungen aufzeigen, die im Zusammenhang mit Unicode stehen. Im letzten Abschnitt wird ein Fazit gezogen und ein Ausblick zu dem Thema gegeben.

2 Geschichte von Unicode

2.1 Vorgeschichte - die Entwicklung der verschiedenen Zeichensätze

2.1.1 Baudot-Code

Die Geschichte der Zeichenkodierung kann bis ins 19. Jahrhundert zurückverfolgt werden. Bei der damals bereits verbreiteten Telegrafie mit Morsecode war immer spezialisiertes Bedienpersonal für die Umwandlung von Text in Morsecode und zurück notwendig. Um die Nachrichtentexte automatisch zu codieren, entwickelte 1870 der französischer Ingenieur und Erfinder Jean-Maurice-Émile Baudot (1845–1903) einen 5-Bit-Code und entsprechende Sende- und Empfangsgeräte. Da die hierbei verfügbaren 31 Kodierungen (00000b kann nicht verwendet werden) nicht ausreichen, um zumindest alle Buchstaben und Ziffern zu kodieren, wurden zwei Kodierungs-Ebenen verwendet, zwischen denen mit speziellen Steuerzeichen umgeschaltet werden konnte. Die erste Ebene enthielt im Wesentlichen die Großbuchstaben und in der zweiten Ebene waren Ziffern und einige Sonderzeichen kodiert. Im Jahr 1874 wurde das Verfahren in Frankreich patentiert. In den folgenden Jahren fand das Baudot-Fernschreibersystem Verbreitung in Frankreich, Europa und darüber hinaus.

Bereits in dieser Zeit vor über 100 Jahren gab es jedoch schon das Problem der vielen verschiedenen Zeichen für die europäischen Sprachen, was zu national unterschiedlichen Zeichenbelegungen führte.

Im Jahr 1926 wurde Baudot zu Ehren die Maßeinheit für die Anzahl der übertragenen Symbole pro Sekunde **Baud** genannt.[1]

2.1.2 Murray-Code

Der neuseeländische Ingenieur Donald Murray (1865–1945) entwickelte 1901 für eine erleichterte Texteingabe einen Fernschreiber mit Tastatur, ähnlich der zu der Zeit üblichen Schreibmaschienen mit QWERTY-Tasten. Außerdem änderte er die Codierung, wobei er sich an der Häufigkeit der Zeichen orientierte, um den Verschleiß der Geräte zu minimieren. Murray führte auch ein Steuerzeichen für einen Zeilenwechsel ein, um Telegrammtexte unterteilen zu können. Später kamen weitere Steuerzeichen hinzu, um sog. Blattschreiber ansteuern zu können, die ganze Seiten beschreiben konnten und nicht nur linear einen Papierstreifen. Der Murray-Code wurde 1932 als CCITT-2 bzw. ITA2 standardisiert und wurde zum Standard-Code in Telex-Netzen.[2] Die ursprünglich syncrone Übertragung wurde bei CCITT-2 durch eine asyncrone übersetzt, welche jedem Zeichen ein Start- und ein Stopbit hinzufügt. Die Geschwindigkeit der Fernschreiber in den Telex-Netzen betrug bis zu 600 Zeichen pro Minute, also 10 Baud. Teilweise wurde später noch eine dritte Kodierungsebene eingeführt, um z.B. auch kyrillische Zeichen übertragen zu können.

2.1.3 Fielddata-Zeichensatz

Fielddata war ein US-amerikanisches Militärprojekt in den 1950er und 60er Jahren zur umfassenden elektronischen Informationssammlung und -verarbeitung. Zwar wurde das Projekt 1962 aufgrund von Reorganisationsmaßnahmen gestoppt, jedoch wurde im Laufe der Arbeiten ein 6-Bit Zeichensatz definiert, welcher kein Umschalten zwischen verschiedenen Kondierungsebenen erforderte und als Vorläufer des ASCII-Zeichensatzen angesehen werden kann.

2.1.4 US-ASCII

Das US-amerikanisches Standardisierungs-Institut ASA versuchte eine neue Kondierung zu definieren, welche alle Zeichen und Steuercodes der damals bestehenden Standards CCITT-2/ITA2, Fieldata und EBCDIC enthält. Da hierfür die 64 verschiedene Codepunkte eines 6-Bit-Systems nicht ausreichend waren, und man aus

---

[1]vgl. [bayern-online.com (2015)]
[2]vgl. [ITU (1988)]

technischen Erwägungen ein System mit mehreren Ebenen ablehnte, musste ein 7-Bit-Code mit 128 möglichen Codepunkten eingesetzt werden. Der ersten Version von 1963 fehlten noch die Kleinbuchstaben, welche in der Revision von 1968 hinzugefügt wurden. Dieser ASCII-Zeichensatz ist bis heute gültig. Schon bald wurde die Unterstützung von ASCII für alle staatlichen Systeme der USA gefordert und der neue Standard verbreitete sich rasch. Von Anfang an war ASCII nur als eines von mehreren nationales Kodierungs-Systemen vorgesehen. ASCII ist eigentlich die nationale Version Nr. 6 der internationalen Norm ISO 646.

2.1.5 Lokalisierte 7-Bit-Zeichensätze

In der internationalen Norm ISO 646 sind 1963 verschiedene nationale 7-Bit-Zeichensätze definiert worden, die zum Großteil mit US-ASCII übereinstimmen. Da jedoch viele Codepunkte mit den nationalen Schriftzeichen belegt sind, sind die Kodierungen nicht kompatibel zu ASCII, vor allem bei den für die Programmierung wichtigen Sonderzeichen. ISO 646 fand daher keine große Verbreitung.

2.1.6 Lokalisierte 8-Bit-Zeichensätze

Als sich Rechnersysteme mit 8, 16 oder 32 Bit durchsetzten und es üblich wurde, für ein Zeichen 8 Bit, also 1 Byte zu verarbeiten und abzuspeichern, bot sich die Gelegenheit, abermals den Zeichensatz zu erweitern, auf nunmehr 256 Codepunkte. Dies ermöglichte Zeichensätze, welche zu ASCII kompatibel waren, da die ersten 128 Zeichen unverändert übernommen werden konnten und nur die oberen 128 Zeichen neu vergeben wurden. Aufgrund fehlender Normierung wurde von den großen IT-Firmen eine Vielzahl proprietärer Kodierungen entwickelt. So gab es für den IBM PC mit dem Betriebs-System DOS die **code page 437**, von Digital Equipment für das VT220-Terminal **DEC-MCS** (Multinational Character Set), von Apple **Mac OS Roman**.[3] Diese Systeme waren zwar zu ASCII kompatibel (als Übermenge), jedoch nicht untereinander.

Schließlich wurde von der ISO, der Internationalen Organisation für Normung, der Standard ISO/IEC 8859 verabschiedet, welcher in 10 Unternormen (später 15) verschiedene Zeichensätze definiert, welche alle in der unteren Hälfte ASCII enthalten, aber in der oberen Hälfte die verschiedenen nationalen Schriftzeichen des lateinischen, kyrillischen, griechischen, Arabischen und Hebräischen Alphabets kodieren. Microsoft entwickelte aus ISO 8859-1 wiederum den proprietären Zeichensatz Windows-1252. Hier wurden für den Bereich 0x80 bis 0x9F diverse weitere Symbole und Sonderzeichen definiert, da dieser Bereich bei ISO 8859-1 von der Standardisierung ausgenommen wurde.

---

[3]vgl. [IETF (1992)]

Somit gab es zwar eine Norm für Zeichensätze, jedoch musste man nun für jedes Dokument wissen bzw. mit angeben, mit welchem Zeichensatz es kodiert ist. Ausserdem war es nicht möglich, verschiedene Schriftsysteme in einem Dokument darzustellen. Zu erwähnen ist auch noch EBCDIC, ein 8-Bit-Zeichensatz von IBM für Mainframes (System/360) entwickelt. EBCDIC ist zwar völlig inkompatibel mit ASCII, hat es jedoch in der Mainframe-Welt zu einiger Verbreitung gebracht. In EBCDIC gibt es reservierte Bereiche für lokale Schriftzeichen, was auch hier zu verschieden Codepage-Varianten führte, die jedoch nie streng normiert wurden.

2.1.7 Ostasiatische Schriftsysteme

Für die verschiedenen asiatischen Schriftsysteme mit Tausenden von Zeichen waren die 8-Bit-Zeichensätze ohnehin völlig unzureichend. Daher wurden in Asien schon sehr früh eigene Lösungen für das Kodierungsproblem entwickelt, wie Big5 (Taiwan), Shift-JIS (Japan), GB2312 (China). Es handelt sich jeweils um Double-Byte-Kodierungen (DBCS) mit variabler Länge (ein oder 2 Byte) und weitestgehender Kompatibilität mit ASCII. Bei der EUC-CN-Kodierung von GB2312 beispielsweise sind die Zeichen 0-127 identisch mit ASCII, höhere Byte-Werte kodieren 2-Byte-Zeichen, wobei nicht nur die chinesischen Zeichen, sondern auch japanische Hiragana und Katakana, griechische und kyrillische Schrift, chinesische Lautschrift (Bopomofo) und viele weitere Sonderzeichen kodiert werden können.

2.2 Die Geburt von Unicode

2.2.1 Erste Versuche bei Xerox

Die US-amerikanische Firma Xerox gründete 1970 im kalifornischen Palo Alto ein großes Forschungs- und Entwicklungszentrum, das Xerox PARC. Nach dem Auslaufen der Kopier-Patente wollte man auf diesem Weg die führende Rolle bei der Büro-Technik behalten. Im PARC wurden viele innovative Technologien entwickelt, die richtungsweisend für die IT der folgenden Jahrzente wurden. Bis auf den Laserdrucker gelang es Xerox jedoch nicht, die Entwicklungen erfolgreich zu vermarkten. Jedoch pflegte man einen offenen Kommunikationsstil und tauschte sich mit Ingenieuren anderer Firmen aus, die das PARC besuchen konnten, wie z.B. Steve Jobs von Apple und Bill Gates von Microsoft. In den 1980er Jahren sammelte man bei Xerox mit dem völlig neu entwickeltem (aber wenig erfolgreichen) Bürocomputersystem 'Xerox Star' schon erste Erfahrung mit Internationalisierung, der **Xerox Character Code Standard** war bereits ein 16-Bit-Code.

2.2.2 Die Rolle von Apple

Mark Davis von Apple war 1985 in Japan, um an einem neuen Kanji-Macintosh zu arbeiten, also einem Macintosh-Computer, der die japanischen Schriftzeichen verarbeiten kann. Hier lernte er bei der Arbeit mit den japanischen Ingenieuren den Shift-JIS-Standard kennen. Shift-JIS hat sowohl Zeichen mit einem Byte als auch mit zwei Byte. Dies machte die Anpassungen an der Macintosh-Software kompliziert. Zum ersten Mal kam die Idee eines komplett neuen, einheitlichen Zeichensatzes für viele Schriftsysteme auf, diese wurde jedoch zunächst nicht weiter verfolgt. [4]

2.2.3 Die Unicode-Arbeitsgruppe

Später, im Jahr 1987, erfuhr Davis von Joseph D. Becker, der zusammen mit Lee Collins bei Xerox bereits an einem solchen neuen, einheitlichen Kodierungs-System für alle Sprachen arbeitete. Von da an arbeitete man gemeinsam an dem Projekt, dem Becker den Namen **Unicode** gab - für *"unique, universal, and uniform character encoding"*. Anfang 1988 waren die wichtigsten Vorarbeiten beendet: Vergleich der Zeichenverarbeitung bei fester und variabler Zeichenlänge, Untersuchung des gesamten zusätzlichen Speicherbedarfs bei Zwei-Byte-Text und die vorläufige Erfassung des Gesamtumfangs der weltweiten Schriftzeichen. Basierend auf diesen Untersuchungen und der Erfahrungen mit anderen Zeichenkodierungen entwarfen Becker, Collins und Davis die Grundzüge der Unicode-Architektur.[5]

In seiner Veröffentlichung 'Unicode 88' von 1988 beschrieb Becker bereits viele der Konzepte, die Unicode haben sollte. [6] Jedes Zeichen sollte mit der festen Länge von 16 Bit codiert werden, da man davon ausging, daß 65536 Codepunkte für alle aktuell bestehenden Schriftzeichen mehr als ausreichend sind. Es sollten Bereiche für die private Nutzung reserviert werden, in denen ggf. auch Zeichen historischer Texte codiert werden können. Unicode sollte also nur für die Schriftzeichen der Gegenwart einen Standard festlegen, wobei aber jedes Zeichen der bestehenden Standards abgebildet werden sollte. Jedes Zeichen sollte nur ein mal codiert sein. Die Zeichen der chinesischen, japanischen und koreanischen Systeme (CJK-Zeichen) sollten vor der Aufnahme in Unicode zuerst vereinheitlicht werden, da es sonst zu einer mehrfachen Kodierung gleicher oder ähnlicher Zeichen mit gleicher Bedeutung kommen würde (Han-Vereinheitlichung, siehe Abb. 1).

In den Jahren 1989 und 1990 schlossen sich weitere Firmen der Unicode-Arbeitsgruppe an, z.B. Sun Microsystems, Microsoft und NeXT (die neue Firma von Steve Jobs

---

[4]vgl. [Unicode Consortium (2009)]
[5]vgl. [Unicode Consortium (2009)]
[6]vgl. [Becker, J.D. (1988)]
[7]Quelle: [Wikimedia Commons (2014)]   https://commons.wikimedia.org/wiki/File:
Vergleich_zh-Hant-CN_zh-Hant-TW_ja-Hani_ko-Hani.svg

Abbildung 1: Han-Vereinheitlichung: Beispiel für Han-Zeichen in den CJK-Schrifsystemen: zh-CN=chinesische Kurzschrift, zh-TW chinesische Langschrift, ja=Japanisch, ko=Koreanisch [7]

nach seinem Weggang von Apple). Ende 1990 war der Großteil der bestehenden Zeichensätze auf Unicode abgebildet und der endgültige Entwurf fertig für die Begutachtung.[8]

2.2.4 Das Unicode-Konsortium

Das Unicode-Konsortium (engl. Unicode Consortium) wurde im Januar 1991 als gemeinnützige Organisation gegründet, die sich über die Beiträge ihrer Mitglieder finanziert. Ziel sollte die Entwicklung, Erweiterung und Verbreitung des Unicode-Standards sein. Die erste Ausgabe des Unicode-Standards (Version 1.0.0) wurde im Oktober 1991 veröffentlicht, enthielt jedoch noch nicht die chinesischen Zeichen, da die Arbeit an der Han-Vereinheitlichung noch nicht abgeschlossen war.[9] Erst die Version 1.0.1 vom Juni 1992 enthält auch die CJK-Schriftzeichen, wobei nun insgesamt 28.359 Codepunkte vergeben sind.

2.2.5 ISO-Standardisierung

Ende der 1980er Jahre arbeitet man auch bei der ISO, der Internationalen Organisation für Standardisierung, an einem sogenannten **Universal Character Set**, kurz UCS. Der Standard war als ISO 10646 vorgesehen, in Anlehnung an ISO 646, der alten Norm für internationale 7-Bit-Zeichensätze. ISO 10646 sollte ein Code mit 4 Byte (32 Bit) pro Zeichen sein und sämtliche Zeichen aller Sprachen der Welt kodieren können. Angesichts des Umfangs des Projekts zogen sich die Arbeiten lange hin und es wurde kein Konsens gefunden. Als Kompromiss einigte man sich 1991 schließlich darauf, vorerst nur den inzwischen bestehenden Unicode-Standard mit seinen 16 Bit als **Basic Multilingual Plane**, also eine eine von vielen Ebenen, in

---

[8]vgl. [Unicode Consortium (2009)]
[9]vgl. [Unicode Consortium (2014e)]

UCS aufzunehmen. Weitere Ebenen sollten später standardisiert werden. Die Codierung wird von der ISO **UCS-2** genannt, da für die Kodierung 2 Oktetts pro Zeichen verwendet werden. Mit UCS-2 können daher nur die Zeichen der BMP kodiert werden. Im Gegensatz dazu soll UCS-4 mit 4-Byte den (noch zu definierenden) Gesamtumfang der Zeichen kodieren können.

Die Arbeitsgruppe, die ISO 10646 entwickelt, hat die Bezeichnung ISO/IEC/ JTC1/ SC2/ WG2 und kooperiert eng mit dem Unicode-Konsortium zusammen. Infolge dessen wurden auch in Unicode einige Änderungen vorgenommen und neue Zeichen aufgenommen. Die neue Version 1.1 wurde 1993 veröffentlicht, zusammen mit dem identischen Standard ISO/IEC 10646-1:1993. Seit dieser Zeit werden alle neuen Versionen Unicode und ISO 10646 immer inhaltlich syncron gehalten.[10]

2.2.6 Notation für Codepunkte

Für Codepunkte, also im Wesentlichen für die Unicode-Zeichen wurde eine spezielle Schreibweise festgelegt: U+xxxx, wobei x eine Hexadezimalziffer ist. Führende Nullen sind auch aufzunehmen. Der lateinische Buchstabe 'A' z.B. wird in Unicode-Notation als U+0041 geschrieben, das Eurozeichen '€' ist U+20AC. Höhere Codepunkte (jenseite der BMP) sind mit 6 Hexadezimalziffern zu schreiben. Da der Unicode-Standard 17 Ebenen zu je 65536 Codepunkten umfasst, liegen alle Codepunkte in dem Bereich von U+0000 bis U+10FFFF.

2.3 Stetige Weiterentwicklung bis heute

2.3.1 Mehr Zeichen mit UCS-4/UTF32

Mit jeder neuen Unicode Version werden weitere Schriftsysteme aufgenommen. Mit Version 3.1 vom März 2001 wurde mit 94.205 erstmals die Grenze von 65536 (64kibi) Codepunkten überschritten, die zwei Byte pro Zeichen von UCS-2 reichen nun also für die Codierung nicht mehr aus. Da dies absehbar war, wurden schon rechtzeitig vorher mit Unicode Version 2.0 die technischen Voraussetzungen dafür geschaffen und neue Codierungen definiert. Eine mögliche Lösung ds Problems ist die Verwendung von 32-Bit-Integer zur Kodierung eines Zeichens, wie es bereits in ISO 10646 mit UCS-4 vorgesehen ist. Der Vorteil von UCS-4 ist, dass aufgrund der fixen Länge pro Zeichen die Algorithmen zur Zeichenverarbeitung einfacher sind als bei Codierung mit variabler Länge. Auf Seite der Programmierung muss im Wesentlichen nur der Datentyp geändert werden auf einen 32-Bit-Typ, nicht jedoch die Algorithmen. Die Nachteile von UCS-4 sind der erhöhte Speicherbedarf und die Inkompatibilität mit bestehenden UCS-2-Datensätzen. Aus diesen Gründen wird UCS-4 vor allem zur

---

[10]vgl. [Unicode Consortium (2014c)]

internen Repräsentation von Unicode-Zeichenketten verwendet. Das Unicode Consortium hat den Standard UCS-4 unverändert als UTF-32 übernommen, lediglich einzelne Termini unterscheiden sich bei ISO und Unicode Consortium.

2.3.2 Von UCS-2 zu UTF-16

Eine andere Möglichkeit mehr Zeichen zu kodieren wurde mit der UTF-16-Codierung entwickelt. Hierbei wurde UCS-2 erweitert, um mit einem Trick die Codepunkte über 65535 zu adressieren: In der BMP waren nicht alle Codepunkte vergeben worden, es gab größere freie Bereiche. Der Bereich von 0xD800 bis 0xDFFF, also 2048 Codepunkte, wurde jetzt verwendet, um Zeichen aus höheren Ebenen (z.b. der Supplementary Multilingual Plane, SMP) zu adressieren. Diese 2048 noch nicht vergebenen Codepunkte wurden unterteilt in eine obere und eine untere Hälfte zu je 1024 Codepunkten, gleichbedeutend einem Informationsgehalt von je 10 Bit. Bei Unicode werden die beiden Bereiche als 'low surrogate' und 'high surrogate' bezeichnet. Ein Codepunkt über U+FFFF wird nun mit einem Paar aus low und high surrogate adressiert. Somit sind 1024 * 1024, also 1.048.576 weitere Codepunkte möglich.

2.3.3 UTF-8

Die heute wichtigste Codierung für Unicode ist UTF-8. Dieses Verfahren mit variabler Codelänge (1 bis 4 Byte) ist ein Kompromiss aus Kompatibilität und Flexibilität. UTF-8 wurde bereits 1992 entworfen von Robert C. Pike (*1956) zusammen mit Ken Thompson (*1943), dem Mitentwickler von Unix und der Programmiersprache C. Tompsen und Pike wurden von IBM-Entwicklern der X/Open Group gebeten, eine neue Dateisystem-sichere Zeichenkodierung für UNIX zu begutachten. Pike und Thompson machten den Vorschlag eine bessere Codierung zu liefern und konnten schon nach wenigen Tagen den Entwurf und erste Implementierungen von UTF-8 präsentieren.[11]

In UTF-8 werden die ASCII-Zeichen unverändert übernommen, so dass ein Zeichen genau einem Byte (<128) entspricht. Somit sind alle bestehenden ASCII-Texte bereits gültiges UTF8. Alle anderen Unicode-Zeichen werden mit einer Bytefolge mit Werten >127 codiert, das höchstwertige Bit ist also auf jeden Fall 1. Das erste Byte eines Multibyte-Zeichens beginnt immer mit 11b. Wenn die ersten drei Bit 110b sind, so handelt es sich um ein 2 Byte-Zeichen. Das zweite Byte (ein sog. Trail-Byte) beginnt immer mit 10b, wodurch es eindeutig von dem 1. Byte unterschieden werden kann, gefolgt von 6 informationstragenden Bits. Ein 2-Byte Zeichen hat also in UTF-8 die Form 110xxxxx,10yyyyyy (binär). Mit den 11 informationstragenden Bits xxxxxyyyyy können theoretisch 2048 verschiedene Kodepunkte abgebildet wer-

---

[11]vgl. [Pike, R.C. (2003)]

den. Tatsächlich dürfen jedoch nur die Zeichen U+0080..U+07FF als 2-Byte-Zeichen kodiert werden. Für die Zeichen U+0000 bis U+007F, also die ASCII-Zeichen, muss zwingen die 1-Byte-Form verwendet werden. Ganz allgemein gilt bei UTF-8 die Regel, daß ein Zeichen immer mit der kürzest möglichen Bytefolge kodiert werden muss.

Da auch 2048 Zeichen für Unicode unzureichend sind gibt es auch noch 3-Byte-Zeichen und 4-Byte-Zeichen. Bei einem 3-Byte-Zeichen beginnt das erste Byte mit 111b gefolgt von einer 0, es folgen diesmal 2 weite Bytes, die wieder mit 10b anfangen. Ein 3-Byte-Zeichen hat demnach die Form 1110xxxx,10yyyyyy,10zzzzzz, es gibt also 16 informationstragende Bits, mit denen sich die Kodepunkte U+0800..U+FFFF abbilden lassen. Analog sind auch 4-Byte Zeichen definiert, deren Wertebereich (21 Bit) aber von Unicode nicht mehr voll ausgeschöpft wird (U+10000..U+10FFFF). Im ursprünglichen Entwurf von Unicode waren auch 5- und 6-Byte-Zeichen vorgesehen, was bis zu 31 Bit, also über 2 Mrd. Codepunkte bedeuten würde. Weil sich Unicode aber auf 1.112.064 Zeichen beschränkt, wurde im Jahr 2003 UTF-8 auf diesen auch mit UTF-16 kodierbaren Bereich (U+0000..U+10FFFF) beschränkt. [12]

UTF-8 hat eine Reihe von Vorteilen, was sicher auch zu der weiten Verbreitung beigetragen hat:

- UTF-8 ist rückwärtskompatibel zu ASCII, da UTF-8 eine Obermenge von ASCII darstellt. Bestehende ASCII-Texte sind also bereits gültiges UTF-8.
- Andererseite sind Texte mit lateinischen Unicode-Buchstaben auch auf nicht-UTF-8-fähigen System noch gut lesbar. Lediglich die Nicht-ASCII-Zeichen gehen verloren bzw. werden falsch dargestellt.
- Software, die das NULL-Byte (U+0000) als Ende einer Zeichenkette interpretiert, kann genau so auch mit UTF-8 verfahren, denn das NULL-Byte wird nicht bei anderen Kodepunkten verwendet.
- Systeme, die für Transport und Speicherung von ASCII bzw. ISO 8859-1 entwickelt wurden, können i.d.R. auch UTF-8 verarbeiten, nur für die Ein- und Ausgabe muss die Kodierung berücksichtigt werden.
- Die Datenmenge erhöht sich gegenüber ISO 8859-1 nur um wenige Prozent bei Sprachen, die eine Variante des lateinischen Alphabets verwenden.
- UTF-8 benötigt kein BOM, da es nur auf Folgen von Bytes basiert, demzufolge unabhängig von 'Little Endian' oder 'Big Endian' ist. Es kann aber am Anfang des Textes das BOM-Zeichen angegeben werden, das dann mit den 3 Bytes 0xEF 0xBB 0xBF kodiert ist.
- Bei einem UFT-8-Bytestrom kann ein System (im Gegensatz zu UFT-16 und UTF-32) auch mittendrin anfangen einen String zu lesen, die einzelnen Zeichen können zuverlässig erkannt werden.

---

[12]vgl. [IETF (2003)]

- Zeichenketten in UTF-8 können vorwärts und rückwärts mit den gängigen Algorithmen durchsucht werden.

Einige Nachteile von UTF-8 müssen jedoch auch bedacht werden:

- Der Speicherbedarf von Zeichenketten in UTF-8 ist aufgrund der variablen Zeichenlänge nicht linear zur Zeichenanzahl, sondern kann nur mit maximal 4 Byte/Zeichen * Zeichenanzahl nach oben abgeschätzt werden.
- Für die ostasiatischen Schriften ist bei UTF-8 der Speicherbedarf mit 3 bis 4 Byte/Zeichen immer höher als mit den älteren Codierungs-Systemen Big5, GB2312 oder Shift-JIS, welche alle Zeichen mit maximal 2 Byte codieren. In der Regel ist für CJK-Texte mit 2 Byte/Zeichen auch UTF-16 kürzer als UTF-8.

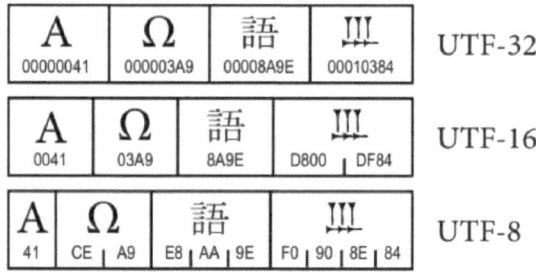

Abbildung 2: Beispiel für verschiedene UTF-Kodierungen[13]

Abbildung 2 zeigt exemplarisch für einige Zeichen, wie sie mit den verschiedenen UTF-Kodierungen im Speicher als Bytes, Words, oder DWords abgebildet werden.

2.3.4 Aufbau und Umfang von Unicode heute

Mit jeder neuen Unicode-Version werden neue Schriften und Symbole aufgenommen sowie Unstimmigkeiten der Spezifikation beseitigt. Die aktuelle Version 7.0.0 umfasst 113.021 Zeichen, darunter mit 'Linear A' sogar die erste Unicode-Schrift, die noch nicht entziffert ist. Es gibt also im gesamten Kodierungsraum noch ausreichend Reserven für die Zukunft. Die Spezifikation von Unicode teilt den verfügbaren Kodierungsraum in 17 Ebenen (engl. planes) zu je 65536 (256*256) Codepunkten auf. Ein Codepunkt muss dabei nicht unbedingt einem Zeichen entsprechen, es gibt z.B. auch Steuerzeichen, Modifikationszeichen oder die Surrogates. Die erste Ebene (bzw. Ebene 0) ist die BMP, die 'Basic Multilingual Plane', also die mehrsprachige Basis-Ebene. Sie enthält die wichtigsten Zeichen der heute verwendeten Sprachen. Das sind auch gleichzeitig alle Zeichen, die mit UCS-2 codiert werden können

---

[13]Quelle: [Unicode Consortium (2014a)] S.41 Fig.2-12 http://www.unicode.org/versions/Unicode7.0.0/ch02.pdf

(U+0000..U+FFFF). Für die allermeisten Fälle im alltäglichen Gebrauch sind die Zeichen der BMP ausreichend. Die nächste Ebene, die 'Supplementary Multilingual Plane' (SMP), also die ergänzende mehrsprachige Ebene, enthält u.a. historische und antike Schriftsysteme wie 'Linear B' oder ägyptische Hieroglyphen, Emojis, Notenschrift und mathematische alphanumerische Symbole.

Die dritte Ebene, die 'Supplementary Ideographic Plane' (SIP), kodiert weitere CJK-Zeichen, die noch nicht in früheren Versionen aufgenommen wurden. Die nachfolgende Plane 3 ist für weitere CJK-Schriftzeichen reserviert. Die Ebenen von Plane 4 bis Plane 13 sind momentan im Unicode-Standard nicht vergeben.

Plane 14, Supplementary Special-purpose Plane (SSP, die Ergänzende Ebene für spezielle Verwendungen) enthält Kontrollzeichen zur Sprachmarkierung, von deren Verwendung heute jedoch abgeraten wird. [14]

Die beiden letzten Ebenen, Plane 15 und Plane 16 sind für den privaten Gebrauch reserviert (Private Use Area, PUA) - eine Gruppe von Anwendern kann für diesen Bereich einen eigene Standard definieren und z.B. in einem Font kodieren.

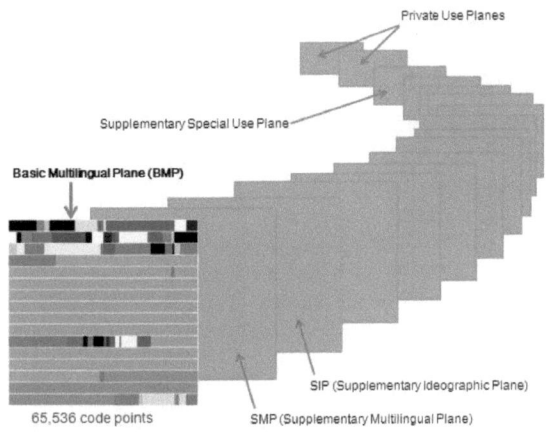

Abbildung 3: Unicode-Ebenen[15]

Abbildung 3 zeigt eine schematische Darstellung der Unicode-Ebenen, in der ersten Ebene, der BMP sind die unterschiedlichen Codeblöcke farblich hervorgehoben.

Für die physische Zeichenkodierung von Unicode-Text dominiert heute das Verfahren UTF-8, es hat sich als Quasi-Standard für die Speicherung und Übertragung von Texten etabliert. Im Internet steigt der Anteil von UTF-8-kodierten Webseiten kontinuierlich an und beträgt Anfang 2015 schon über 82%, die älteren asiatischen

---

[14]vgl. [Unicode Consortium (2014b)]
[15]Quelle: [W3C (2011)]   http://www.w3.org/International/articles/
definitions-characters/

Systeme GB2312 und Shift-JIS haben mit ca. 1% der Webseiten nur noch geringe Bedeutung. [16]

UTF-16 wird heute vor allem zur internen Repräsentation von Zeichenketten verwendet, z.b. bei JAVA-Umgebungen. In Dateisystemen wie z.b. NTFS oder HFS+ findet UTF-16 Verwendung für die Speicherung der Datei- und Verzeichnisnamen.

3 Probleme und Herausforderungen

3.1 Technische Schwierigkeiten

3.1.1 Limitierungen von Schriftarten

Ein ganz grundsätzliches Problem bei der Verwendung von Unicode ist, dass die Dateiformate für Schriftarten (Fonts), wie z.b. TrueType oder OpenType nur 2^{16} verschiedene Zeichen unterstützen. TrueType wurde etwa zur selben Zeit wie die ersten Versionen von Unicode entwickelt und daher sah man nur die Notwendigkeit für maximal 65.536 Zeichen. Die meisten Schriftarten enthalten jedoch ohnehin nur einen kleinen Teil der BMP-Zeichen, meist einige Tausend. Das Problem lässt sich durch Verwendung verschiedener Schriftarten innerhalb eines Dokumentes lösen. Bei PDF-Dokumenten können die verwendeten Schriftarten sogar in die Datei eingebettet werden.

3.1.2 Rendern von Zeichen

Schriftzeichen müssen nicht nur definiert werden, sondern auch von einem Ausgabesystem gerendert und dargestellt werden. Dies ist eine nicht unerhebliche Herausforderung für die Entwickler, müssen doch Details und Eigenheiten von vielen hunderten Schriftsystemen berücksichtigt werden. Das geht von der Darstellung von Ligaturen über wechselnde Schriftrichtung, veränderte Darstellung von Zeichen am Ende eines Wortes bis zum korrekten Shaping-Support durch eine robuste Shaping-Engine.

3.1.3 Email-Adressen

Viele Dienste im Internet verwenden heute zur Authentifizierung eine Kombination aus Email-Adresse und Passwort. Mit der zunehmenden Verbreitung von Unicode muss dies auch hier berücksichtigt werden, um nicht bestimmte Benutzer auszuschliessen. Mit Einführung der internationalisierten Domainnamen (IDN) kann der Domänen-Teil (domain part) der Email-Adresse Unicode-Zeichen enthalten, der lokale Teil (local part) vor dem '@' ist ohnehin frei wählbar und kann daher auch

---

[16]vgl. [W3Techs (2015)]

Unicode enthalten. Dies alles muß bei der Implementierung einer Authentifizierung mittels Email berücksichtigt werden, dazu gehört z.b. die Validierung der Eingabedaten (z.b. durch reguläre Ausdrücke) oder die Länge der zulässigen Datenfelder bei Eingabe und Speicherung in der Datenbank.

3.1.4 Aufwärtskompatibilität von Software

Der Unicode-Standard wird ständig weiterentwickelt. Mit jeder neuen Version steigt der Umfang der definierten Zeichen. Software mit Unicode-Support muss daher so robust sein, daß auch Texte mit Zeichen aus zukünftigen Unicode-Versionen nicht zu einem unkontrollierten Verhalten führen. Der maximale Gesamtumfang von Unicode ist bereits auf 1.112.064 Zeichen festgelegt, was den technischen Rahmen für jeden künftigen Unicode-Standard vorgibt. Unbekannte Zeichen müssen von einem IT-System ggf. gesondert dargestellt werden, dürfen aber nicht aus den Daten entfernt werden.

3.1.5 Schwierigkeiten mit BOM

Das Byte Order Mark (U+FEFF), kurz BOM, wurde geschaffen um auf einem Zielsystem die Endianess eines Textes erkennen zu können. Das BOM ist definiert als ein Leerzeichen mit der Länge Null. In diesem Zusammenhang wurde das Zeichen U+FFFE als ein ungültiges Zeichen definiert. So erkennt das Zielsystem, ob die Reihenfolge der Bytes in einem 16-Bit-Wort oder einem 32-Bit-DWort vertauscht werden muss. Eine Unicode-Zeichenkette kann mit einem BOM beginnen, vor allem UTF-16-Daten, muss aber nicht. Auch bei UTF-8 kann am Anfang ein BOM stehen, was in einer charakteristischen Folge der 3 Bytes EF BB BF resultiert.

Bei Zeichenketten-Operationen, wie Ausschneiden von Teilstrings oder Zusammensetzen zu neuen Zeichenketten muss das BOM berücksichtigt werden. Es sollte durch solche Operationen nicht innerhalb der Zeichenkette stehen, denn dann gilt es nicht mehr als BOM, sondern Leerzeichen der Länge Null. Zeichenkettenvergleiche funktionieren dann möglicherweise nicht mehr, oder die Länge der Zeichenketten ändert sich unerwartet.

Programme die nicht mit einem BOM umgehen können funktionieren nicht mehr korrekt, wenn sie solch eine Eingabe erhalten. Unter Linux und Unix z.B. gibt es für ausführbahre Script-Dateien die sog. Shebang-Mechanismus, wobei am Dateianfang die Zeichenfolge '#!' erwartet wird, gefolgt von dem Pfad zu dem zu verwendeten Interpreter. Wird beim Bearbeiten und Speichern der Script-Datei ein Format mit BOM gewählt kommt es beim Aufruf des Scriptes zu Problemen, da der Shebang-Mechanismus nicht mehr greift.

3.1.6 Normalisierung

Viele Zeichen können in Unicode auf verschiedene Weise kodiert werden: als einzelnes Zeichen oder als eine Zeichenkombination. Die deutschen Umlaute zum Beispiel können mit den Codepunkten, die ihrer früheren Position in ISO 8859-1 entsprechen, kodiert werden oder als normale Vokale 'a', 'o' und 'u' gefolgt von einem kombinierenden diakritischen Zeichen ' ¨ ' (hier Trema, U+0308). Weitere Beispiele sind hoch-/tiefgestellte Zeichen, numerische Brüche, veränderte Schriftart (z.B. bei Zeichen für mathematische Mengen) oder Varianten chinesischer Zeichen.

Daher wurden verschiedene Arten von Normalisierung festgelegt, also Verfahren, um einen Text in eine bestimmte Normalform zu überführen. Nur so können Unicode-Texte verglichen werden, z.B. für den Anwendungsfall der Zeichenkettensuche. Am weitesten verbreitet ist die kanonischen Komposition (Normalization Form Canonical Composition, NFC). [17]

3.2 Sicherheitsaspekte

Seit dem Jahr 2010 sind die sog. Internationalisierte Domainnamen (IDN) möglich. Dies sind Domainnamen, welche nicht-ASCII-Zeichen des Unicode-Zeichensatzes enthalten.[18] Auf der einen Seite führt das zunehmende Aufkommen der IDN zu einer Fragmentierung des Internet, zur Ausbildung lokaler Cluster. Nur ein Teil der Weltbevölkerung ist in der Lage, eine Internet-Adresse mit arabischer oder chinesischer Schrift einzugeben. Die Beschränkung auf ASCII-Zeichen war sozusagen ein kleinster gemeinsamer Nenner, ASCII kann auf jeder Tastatur der Welt problemlos eingegeben. Die Eingabe von IDN ist bestenfalls mittels 'kopieren und einfügen' möglich.

Das größere Problem der IDN ist der Sicherheitsaspekt. Bei der Vielzahl von Zeichen in Unicode gibt es viele Zeichen die sehr ähnlich, oder kaum zu unterscheiden sind, wie bei ASCII bereits die Ziffer '0' und der große Buchstabe 'O'. Internet-Nutzer könnten so von einem Angreifer auf gefälschte Internetseiten gelockt werden, ohne das anhand der Internet-Adresse erkennen zu können. Hier gibt der Benutzer dann z.B. seine geheimen Daten wie PIN oder TANs ein, die vom Angreifer dann mißbraucht werden.

Ein Anwenderprogramm, z.B. ein Browser, sollte daher mittels einer Heuristik erkennen können, ob eine Internet-Adresse Zeichen aus verschiedenen Unicodeblöcken verwendet und den Benutzer in einem solchen Fall warnen. [19]

[17]vgl. [Unicode Consortium (2014f)]
[18]vgl. [IETF (2010)]
[19]vgl. [Unicode Consortium (2014g)]

3.3 Weitergehende Nutzung von Symbolen

In Unicode war es von Anfang an vorgesehen, auch verschiedene, häufig gebrauchte Symbole zu kodieren. In letzter Zeit wurden aber immer mehr Icons, Smilys, Emojis etc. aufgenommen, meist auch farbig - die konkrete Darstellung ist Aufgabe des Renderers und der Schriftart. Hier besteht die Gefahr, daß viele Codepunkte 'verbraucht' werden für sehr spezielle Zeichen, welche eigentlich besser im PUA-Bereich aufgehoben wären, wo Zeichen für den eigenen Gebrauch definiert werden können. So finden sich in der Unicode-Datenbank inzwischen 11 Emojis für 'Blume', 12 verschiedene Varianten von 'Quadrat' und 10 Versionen von 'Eisenbahn' um nur ein paar Beispiele zu nennen. [20] Der Nutzen dieser vielen, oft sehr ähnlichen Symbole ist umstritten bis fragwürdig.

3.4 Akzeptanz in Ostasien

Unicode hatte einen schweren Start in Japan und anderen ostasiatischen Ländern und noch immer gibt es große Vorbehalte. Einerseits gab es in diesen Regionen bereits funktionierende Schriftsysteme, die ASCII und ostasiatische Zeichen abdeckten, was die Motivation zu umfangreichen Änderungen natürlich reduzierte. Andererseits hatte man die Befürchtung, daß nun in einer Kommission auf einem anderen Kontinent Entscheidungen über die eigene Schriftsprache gefällt würden, also über den Kern der kulturellen Identität. Teilweise wurde nicht verstanden, daß in Unicode zwischen dem Zeichen und seiner Darstellung getrennt wird. So entstand das Missverständnis, dass mit der Han-Vereinheitlichung die Zeichen der verschiedenen Länder 'in einen Topf geworfen' wurden. Es hängt jedoch bei Unicode von der gewählten Schriftart ab, ob ein Zeichen im japanischen oder im chinesischen Stil ausgegeben wird (sofern es sich um vereinheitlichte Zeichen handelt).[21]

3.5 Umfang der CJK-Zeichen

Der Umfang der CJK-Zeichen ist mit der Zeit in anfangs nicht erwartete Höhe gestiegen. Dies machte dann auch die Einführung weiterer Unicode-Ebenen, wie der SMP und der SIP notwendig. Die verschiedenen ostasiatischen Länder reichen immer wieder neue Zeichen für die Aufnahme in den Unicode-Standard ein. Vor allem aus Taiwan kommen Tausende von Zeichen, die nur als Namen einzelner oder weniger Personen existieren und die nur minimale Variationen anderer bestehender Schriftzeichen sind. Es stellt sich die Frage, ob hierfür nicht Variantenselektoren oder der PUA-Bereich die bessere Lösung sind. Bei anderen eingereichten Zeichen

---

[20]vgl. [Unicode Consortium (2014h)]
[21]vgl. [Unicode Consortium (2014i)]

kann die Herkunft und tatsächliche Nutzung nicht sauber nachgewiesen werden, aufgenommen wurden sie aber bisher dennoch. [22]

4 Fazit und Ausblick

Unicode ist ein wichtiger Baustein für die konsequente Weiterentwicklung der Informationstechnik in einer globalisierten Welt. Von den Anfängen der Telegrafie bis zum heutigen Stand war es ein langer Weg. Heute ist Unicode die 'lingua Franca' des Informationsaustausches. Im Internet hat sich Unicode weitestgehend durchgesetzt und ist bei den meisten modernen Datenformaten wie z.B. XML die empfohlene Zeichenkodierung. In Zukunft ist damit zu rechnen, daß der Anteil an Programmen mit Unicode-Unterstützung weiter steigen wird, ebenso wie der Umfang der mit Unicode kodierten Daten. In künftigen Versionen des Standards werden weitere Schriftsysteme aufgenommen werden, jedoch eher gering verbreitete Schriften von Minderheiten, historische Schriften oder weitere seltene chinesische Han-Zeichen.

Software-Entwickler müssen sich aber auf die Besonderheiten von Unicode einstellen, was die Arbeit insgesamt aufwändiger und komplexer macht, wobei aber geeignete Software-Bibliotheken unterstützen können.

---

[22]vgl. [Andrew West (2007)]

Literatur

[Becker, J.D. (1988)] *Unicode 88* , Xerox Corporation, Palo Alto, CA, 1988

Internetquellen:

[Andrew West (2007)] *A Brief History of CJK-C* URL: `http://babelstone.blogspot.de/2007/06/brief-history-of-cjk-c.html`, Abruf am 31.1.2015

[bayern-online.com (2015)] *Baudot-Mehrfachtelegraf* URL: `http://www.bayern-online.com/v2261/artikel.cfm/203/Baudot-Mehrfachtelegraf.html`, Abruf am 29.1.2015

[IETF (1992)] *RFC 1345: Character Mnemonics and Character Sets* URL: `https://tools.ietf.org/html/rfc1345`, Abruf am 29.1.2015

[IETF (2003)] *RFC 3629: UTF-8, a transformation format of ISO 10646* URL: `http://tools.ietf.org/html/rfc3629`, Abruf am 30.1.2015

[IETF (2010)] *RFC 5891: Internationalized Domain Names in Applications (IDNA): Protocol* URL: `https://tools.ietf.org/html/rfc5891`, Abruf am 31.1.2015

[ITU (1988)] *INTERNATIONAL TELEGRAPH ALPHABET No. 2* URL: `https://www.itu.int/rec/dologin_pub.asp?lang=e&id=T-REC-S.1-198811-S!!PDF-E&type=items`, Abruf am 29.1.2015

[Pike, R.C. (2003)] *UTF-8 history* URL: `http://www.cl.cam.ac.uk/~mgk25/ucs/utf-8-history.txt`, Abruf am 29.1.2015

[Unicode Consortium (2009)] *Early Years of Unicode* URL: `http://unicode.org/history/earlyyears.html`, Abruf am 29.1.2015

[Unicode Consortium (2014a)] *The Unicode Standard Version 7.0 – Core Specification, Chapter 2: General Structure* URL: `http://www.unicode.org/versions/Unicode7.0.0/ch02.pdf`, Abruf am 30.1.2015

[Unicode Consortium (2014b)] *The Unicode Standard Version 7.0 – Tags* URL: `http://www.unicode.org/charts/PDF/UE0000.pdf`, Abruf am 31.1.2015

[Unicode Consortium (2014c)] *The Unicode Standard Version 7.0 – Core Specification, Appendix C: Relationship to ISO/IEC 10646* URL: `http://www.unicode.org/versions/Unicode7.0.0/appC.pdf`, Abruf am 29.1.2015

[Unicode Consortium (2014e)] *The Unicode Standard Version 7.0 – Core Specification, Appendix E: Han Unification History* URL: `http://www.unicode.org/versions/Unicode7.0.0/appE.pdf`, Abruf am 29.1.2015

[Unicode Consortium (2014f)] *Unicode Character Encoding Stability Policy* URL: `http://www.unicode.org/policies/stability_policy.html#Normalization`, Abruf am 31.1.2015

[Unicode Consortium (2014g)] *Unicode Technical Standard #39 - UNICODE SECURITY MECHANISMS* URL: `http://www.unicode.org/reports/tr39/`, Abruf am 31.1.2015

[Unicode Consortium (2014h)] *Draft Emoji Annotations* URL: `http://www.unicode.org/Public/emoji/1.0/emoji-annotations.html`, Abruf am 31.1.2015

[Unicode Consortium (2014i)] *Frequently Asked Questions - Chinese and Japanese* URL: `http://unicode.org/faq/han_cjk.html`, Abruf am 31.1.2015

[W3C (2011)] *Zeichencodierungen: grundlegende Konzepte* URL: `http://www.w3.org/International/articles/definitions-characters/`, Abruf am 31.1.2015

[W3Techs (2015)] *Historical yearly trends in the usage of character encodings for websites* URL: `http://w3techs.com/technologies/history_overview/character_encoding/ms/y`, Abruf am 31.1.2015

[Wikimedia Commons (2014)] *Comparison of the characters 判, 逸, 骨 (traditional variants) for Chinese (Mainland), Chinese (Taiwan), Japanese, Korean.* URL: `https://commons.wikimedia.org/wiki/File:Vergleich_zh-Hant-CN_zh-Hant-TW_ja-Hani_ko-Hani.svg`, Abruf am 31.1.2015